Arabic

ألواني المتعددة:
قصةُ كونها غير ثنائية

Marcy Schaaf

My Many Colors:

A Story of Being Non-Binary

Marcy Schaaf

When a child expresses a preference to be referred to using "they/them" pronouns, it typically means that they identify as non-binary or genderqueer. Non-binary is a term used to describe individuals whose gender identity doesn't exclusively align with the traditional categories of male or female. Instead, they may experience their gender identity as being somewhere along a spectrum beyond these binary options.

Choosing to use "they/them" pronouns acknowledges and respects the child's gender identity and their right to define themselves in a way that feels authentic to them. It's important to honor their preferred pronouns and provide support and understanding as they navigate their gender identity. This may involve educating others around them, such as family members, friends, and teachers, about the importance of using the correct pronouns and respecting the child's identity.

It's essential to create an environment where the child feels safe and accepted for who they are, regardless of their gender identity. This may involve advocating for inclusive policies and practices in schools, healthcare settings, and other institutions to ensure that non-binary individuals are respected and supported.

عندما يعبر الطفل عن تفضيله للإشارة إليه باستخدام ضمائر "هم/هم"، فهذا يعني عادةً أنه غير ثنائي أو من جنسين مختلفين. غير الثنائي هو مصطلح يستخدم لوصف الأفراد الذين لا تتوافق هويتهم الجنسية حصريًا مع الفئات التقليدية للذكور والإناث. وبدلاً من ذلك، قد يشعرون بأن هويتهم الجنسية موجودة في مكان ما على طول نطاق يتجاوز هذه الخيارات الثنائية.

إن اختيار استخدام ضمائر "هم/هم" يُقر ويحترم الهوية الجنسية للطفل وحقه في تعريف نفسه بطريقة تبدو حقيقية بالنسبة له. من المهم احترام الضمائر المفضلة لديهم وتقديم الدعم والتفهم أثناء التنقل في هويتهم الجنسية. وقد يشمل ذلك تثقيف الآخرين من حولهم، مثل أفراد الأسرة والأصدقاء والمعلمين، حول أهمية استخدام الضمائر الصحيحة واحترام هوية الطفل.

من الضروري خلق بيئة يشعر فيها الطفل بالأمان والقبول كما هو، بغض النظر عن هويته الجنسية. وقد يشمل ذلك الدعوة إلى سياسات وممارسات شاملة في المدارس وأماكن الرعاية الصحية والمؤسسات الأخرى لضمان احترام ودعم الأفراد غير الثنائيين.

In a small town nestled between rolling hills and whispering forests, there lived a child named Alex.

في بلدة صغيرة تقع بين التلال والغابات الهامسة، كان هناك طفل اسمه أليكس.

Alex was a very special kid.
They had a name that was
neither strictly for boys nor only
for girls.

كان أليكس طفلاً مميزًا جدًا.
كان لديهم اسم لم يكن مخصصًا للأولاد
ولا للفتيات فقط.

But something else made Alex different too. Some days, they felt as delicate as a butterfly, and on those days, they liked to wear dresses.

ولكن شيئًا آخر جعل أليكس مختلفًا أيضًا. في بعض الأيام، شعروا بالرقة كالفراشة، وفي تلك الأيام، كانوا يحبون ارتداء الفساتين.

Other days, Alex felt strong and bold, like a mighty lion. On those days, they chose pants and shirts that made them feel powerful and free.

وفي أيام أخرى، شعر أليكس بالقوة والشجاعة، مثل الأسد الجبار. في تلك الأيام، اختاروا السراويل والقمصان التي جعلتهم يشعرون بالقوة والحرية.

But most days, Alex was somewhere in between. They didn't feel entirely like a boy or completely like a girl. They just felt like themselves, a beautiful blend of everything in between.

لكن في معظم الأيام، كان أليكس في مكان ما بينهما. لم يشعروا تمامًا بأنهم صبي أو فتاة تمامًا. لقد شعروا وكأنهم أنفسهم، مزيج جميل من كل شيء بينهما.

Some people understood Alex's unique way of being, and they celebrated it with open arms and warm smiles.

لقد فهم بعض الناس طريقة حياة أليكس الفريدة، واحتفلوا بها بأذرع مفتوحة وابتسامات دافئة.

But others didn't understand.
They would stare or whisper,
unsure of what to make of
someone who didn't fit neatly
into their idea of boy or girl.

لكن الآخرين لم يفهموا. كانوا يحدقون أو يهمسون، غير متأكدين مما يجب فعله بشخص لا يتناسب تمامًا مع فكرتهم عن الصبي أو الفتاة.

One day, Alex's grandmother came to visit. She looked puzzled when she saw Alex wearing pants instead of a dress.

في أحد الأيام، جاءت جدة أليكس للزيارة. بدت في حيرة عندما رأت أليكس يرتدي بنطالاً بدلاً من الفستان.

"Why aren't you wearing a pretty dress, my dear?" she asked, her voice full of confusion.

"لماذا لا ترتدين فستاناً جميلاً يا عزيزتي؟" سألت ، صوتها مليء بالارتباك.

Alex took a deep breath, feeling nervous but determined to explain. "Sometimes, I feel more like a boy, Grandma. And today is one of those days."

أخذ أليكس نفسا عميقا، وشعر بالتوتر
ولكنه مصمم على الشرح. "في بعض
الأحيان، أشعر وكأنني صبي يا جدتي.
واليوم هو أحد تلك الأيام."

Grandma listened carefully, her eyes softening with understanding. "Oh, I see," she said gently.
"Well, you always look lovely, no matter what you wear."

استمعت الجدة بعناية، وخففت عينيها من الفهم. "أوه، فهمت،" قالت بلطف. "حسنًا، أنت دائمًا تبدو جميلًا، بغض النظر عما ترتديه."

As Alex grew older, they learned how to have difficult conversations with teachers, friends, and family members about their gender identity.

she he
they

مع تقدم أليكس في السن، تعلموا كيفية إجراء محادثات صعبة مع المعلمين والأصدقاء وأفراد الأسرة حول هويتهم الجنسية.

she he
they

They discovered that some people would have questions or need time to understand, and that was okay. Patience and kindness were their greatest allies.

لقد اكتشفوا أن بعض الأشخاص قد يكون لديهم أسئلة أو يحتاجون إلى وقت للفهم، ولا بأس بذلك. وكان الصبر واللطف أعظم حلفائهم.

And as Alex looked around at the world, they realized that not everyone would understand, and that was okay too. What mattered most was being true to themselves.

وبينما كان أليكس ينظر حوله إلى العالم، أدركوا أنه لن يفهم الجميع، ولا بأس بذلك أيضًا. ما يهم أكثر هو أن يكونوا صادقين مع أنفسهم.

One day, as the sun dipped low
in the sky and painted the world
with shades of pink and gold,
Alex had a realization.

في أحد الأيام، عندما انخفضت الشمس في السماء ورسمت العالم بظلال من اللون الوردي والذهبي، أدرك أليكس إدراكًا.

"I may be neither strictly a boy nor only a girl," they thought to themselves, "but I am me. And that is enough."

لقد فكروا في أنفسهم: "قد لا أكون فتى ولا مجرد فتاة، ولكنني أنا. وهذا يكفي".

And so, Alex embraced their uniqueness with pride, knowing that their true colors shone brightest when they were being authentically themselves.

وهكذا، احتضن Alex تفردهم بكل فخر، مدركًا أن ألوانهم الحقيقية تتألق عندما كانوا على طبيعتهم بشكل أصيل.

The end.

النهاية.

Life Lesson:

Embrace your uniqueness and be true to yourself, even if others may not understand. You are beautiful just the way you are.

درس الحياة:
احتضن تفردك وكن صادقًا مع نفسك،
حتى لو لم يفهم الآخرون ذلك. أنت
جميلة مجرد وسيلة أنت.

Non-binary kids, like anyone else, may have diverse preferences when it comes to how they like to dress. There's no single "right" way for non-binary individuals to dress, as gender expression is highly personal and can vary greatly from person to person. Some non-binary kids may prefer clothing that is traditionally associated with their assigned gender at birth, while others may gravitate towards clothing that blurs or challenges traditional gender norms.

Here are some common ways non-binary kids might choose to dress:

1. Gender-neutral clothing: Many non-binary individuals prefer clothing that is not specifically associated with either traditional gender category. This might include items like t-shirts, jeans, hoodies, sneakers, and other styles that are not inherently gendered.

2. Mix-and-match styles: Some non-binary kids may enjoy mixing elements of traditionally masculine and feminine clothing in their outfits. This could involve wearing clothing from both the men's and women's sections of stores, or combining traditionally masculine and feminine accessories.

3. Androgynous fashion: Androgynous fashion often features clothing styles that blur the lines between masculine and feminine aesthetics. This might include tailored suits, button-up shirts, blazers, skirts, dresses, androgynous hairstyles, and accessories that aren't strongly gendered.

4. Personal expression: Ultimately, non-binary kids may choose to dress in a way that reflects their unique personality, interests, and sense of style. They may experiment with different looks, colors, patterns, and accessories to express themselves authentically.

It's important to respect and support non-binary kids in their clothing choices, just as you would with any child. Creating an inclusive environment where they feel comfortable expressing themselves is key to fostering their confidence and well-being.

قد يكون لدى الأطفال غير الثنائيين، مثل أي شخص آخر، تفضيلات متنوعة عندما يتعلق الأمر بالطريقة التي يحبون ارتداء الملابس بها. لا توجد طريقة "صحيحة" واحدة للأفراد غير الثنائيين لارتداء ملابسهم، حيث أن التعبير الجنسي أمر شخصي للغاية ويمكن أن يختلف بشكل كبير من شخص لآخر. قد يفضل بعض الأطفال غير الثنائيين الملابس المرتبطة تقليديًا بجنسهم المحدد عند الولادة، بينما قد ينجذب الآخرون نحو الملابس التي تطمس أو تتحدى المعايير الجنسية التقليدية.

فيما يلي بعض الطرق الشائعة التي قد يختار بها الأطفال غير الثنائيين ارتداء الملابس:

1. الملابس المحايدة جنسانيًا: يفضل العديد من الأفراد غير الثنائيين الملابس التي لا ترتبط على وجه التحديد بأي فئة جنس تقليدية. قد يشمل ذلك عناصر مثل القمصان والجينز والسترات والأحذية الرياضية وغيرها من الأنماط التي لا تراعي نوع الجنس بطبيعتها.

2. أنماط المزيج والمطابقة: قد يستمتع بعض الأطفال غير الثنائيين بخلط عناصر الملابس الذكورية والأنثوية التقليدية في ملابسهم. يمكن أن يشمل ذلك ارتداء الملابس من أقسام الرجال والنساء في المتاجر، أو الجمع بين الملحقات الرجالية والأنثوية التقليدية.

3. الموضة الخنثوية: غالبًا ما تتميز الأزياء الخنثوية بأنماط ملابس تطمس الخطوط الفاصلة بين الجماليات الذكورية والأنثوية. قد يشمل ذلك البدلات المصممة والقمصان ذات الأزرار والسترات والتنانير والفساتين وتسريحات الشعر المخنثية والإكسسوارات التي لا تحدد جنسانيًا بشكل كبير.

4. التعبير الشخصي: في نهاية المطاف، قد يختار الأطفال غير الثنائيين ارتداء الملابس بطريقة تعكس شخصيتهم الفريدة واهتماماتهم وشعورهم بالأناقة. يمكنهم تجربة أشكال وألوان وأنماط وإكسسوارات مختلفة للتعبير عن أنفسهم بشكل أصيل.

من المهم احترام ودعم الأطفال غير الثنائيين في اختياراتهم للملابس، تمامًا كما تفعل مع أي طفل. إن خلق بيئة شاملة حيث يشعرون بالراحة في التعبير عن أنفسهم هو أمر أساسي لتعزيز ثقتهم ورفاهيتهم.

Hey there, colorful kids! Have you ever wondered how to pick the perfect colors for your outfit? It's easy! Just think about how you're feeling and what outfit you want to wear. If you're feeling as bright as a sunny day, maybe choose clothes in vibrant yellows and oranges. Or if you're feeling calm and peaceful, soft blues and greens might be just the right colors for you. Let your outfit be your canvas and your feelings be your guide as you paint the world with your unique style and personality!

مرحبًا أيها الأطفال الملونون! هل سبق لك أن تساءلت عن كيفية اختيار الألوان المثالية لملابسك؟ من السهل! فقط فكر في ما تشعر به والزي الذي تريد ارتداءه. إذا كنت تشعر بالإشراق مثل يوم مشمس، فربما تختار ملابس ذات ألوان صفراء وبرتقالية نابضة بالحياة. أو إذا كنت تشعر بالهدوء والسكينة، فقد تكون الألوان الزرقاء والخضراء الناعمة هي الألوان المناسبة لك. دع ملابسك تكون لوحتك القماشية ومشاعرك هي دليلك وأنت ترسم العالم بأسلوبك وشخصيتك الفريدة!

Explore these pages to discover your unique style.

استكشف هذه الصفحات لاكتشاف أسلوبك الفريد.

Books By Schaaf

www.BookBySchaaf.com

Find us at: